UN EXEMPLE

DE

DÉCENTRALISATION THÉATRALE

PENDANT LA RÉVOLUTION

LUCRÈCE OU LA ROYAUTÉ ABOLIE

TRAGÉDIE EN TROIS ACTES

REPRÉSENTÉE POUR LA PREMIÈRE FOIS PAR LES CITOYENS COMÉDIENS DE LA VILLE DE BREST,
LE 5 JUILLET 1793, AN II DE LA RÉPUBLIQUE.

AMIENS,
IMPRIMERIE DELATTRE-LENOEL,
30, RUE DES RABUISSONS, 30,

—

1878

UN EXEMPLE

DE

DÉCENTRALISATION THÉATRALE

PENDANT LA RÉVOLUTION

*Extrait de l'*Investigateur, *Journal de la* Société des Études historiques
Septembre-Octobre 1877.

UN EXEMPLE

DE

DÉCENTRALISATION THÉATRALE

PENDANT LA RÉVOLUTION.

LUCRÈCE OU LA ROYAUTÉ ABOLIE

TRAGÉDIE EN TROIS ACTES,

REPRÉSENTÉE POUR LA PREMIÈRE FOIS PAR LES CITOYENS COMÉDIENS DE LA VILLE DE BREST,

LE 5 JUILLET 1793, AN II DE LA RÉPUBLIQUE.

I

L'histoire si essentiellement tragique de la plus honnête des matrones de l'antiquité qui s'est tuée pour ne pas survivre à son déshonneur involontaire, et dont la mort a déterminé l'établissement de la République romaine, est un sujet qui devait naturellement tenter bien des dramaturges. Il y a eu au moins cinq tragédies de Lucrèce imprimées antérieurement à celle de Ponsard. Une surtout, éditée en 1793 à Brest, par Gauchlet, sans nom d'auteur, 32 p. in-8°, a éveillé notre curiosité. Par sa date, c'est bien évidemment une pièce de circonstance ; mais, comme d'un autre côté cette tragédie n'est pas sans mérite, et qu'elle présente des analogies frappantes avec la belle étude de Ponsard, nous avons eu l'idée de les rapprocher l'une de l'autre.

Quelques mots d'abord sur les *Lucrèce* qui ont précédé celle de 1793. Elles reproduiront comme en raccourci, l'histoire de la tragédie en France.

La première dans l'ordre des temps, est celle de Nicolas Filleul, poète rouennais, né en 1530, qui a publié en 1566 dans sa ville natale un volume intitulé les *Théâtres de Gaillon*. Ce recueil tout en hexamètres, contient quatre églogues dialoguées : les *Naïades*, *Charlot*, *Thétys*, *Francine*; la tragédie de *Lucrèce* et la comédie des *Ombres*. *Lucrèce*, intitulée tragi-comédie avec chœurs, sans distinction de scènes, fut effectivement jouée au château de Gaillon, département de l'Eure, devant le roi Charles IX, le 29 septembre 1566. C'était quatorze ans seulement après la *Cléopâtre captive* de Jodelle, première tragédie française de la Renaissance. La comédie des *Ombres*, en cinq actes et en vers, également avec chœurs, fut représentée le même jour après *Lucrèce*. Cette dernière pièce, est-il dit dans la *Bibliothèque du Théâtre français*, de La Vallière, est une espèce de tragédie fort courte, mal conduite, écrite en alexandrins, excepté les stances des chœurs. Tout se passe presque en récits, et sauf dans la dernière scène, celle où Lucrèce, se jetant entre les bras de son mari, lui fait jurer de ne point laisser le crime de Sextus impuni, on n'y trouve aucune sorte d'intérêt. On a encore de Filleul la tragédie d'*Achille*.

En 1637, année qui suivit l'apparition du Cid et la naissance de Boileau, année du Discours de la méthode, deux ans après l'établissement de l'Académie française, Urbain Chevreau, de Loudun, donna la *Lucresse romaine*, (*sic*), tragédie dédiée à Mme la marquise de Coassin. Paris, Toussaint-Quinet, in-4°. L'auteur des *Anecdotes dramatiques*, l'abbé de la Porte, dit que dans la liste des personnages Tarquin est appelé empereur de Rome. Chevreau, qui avait vingt-quatre ans lors de la publication de sa pièce et qui mourut en 1701, fut secrétaire des commandements de la reine Christine de Suède et l'ordonnateur de ses fêtes. Il dirigea même, paraît-il, pendant quelques semaines, l'éducation du duc du Maine. On a de lui des *Poésies*, des *Remarques sur Malherbe*, *la Suite et le Mariage du Cid*, d'autres pièces de théâtre, une *Histoire de Scanderbeg*, enfin une *Histoire du monde*, cette dernière en deux volumes in-4°.

L'année suivante, 1638, Pierre du Ryer, secrétaire du duc de

Vendôme César, l'historiographe parisien qui remplaça Faret à l'Académie en 1646, publia aussi sa *Lucrèce*, dédiée à Mme de Vendôme. L'auteur est fidèle à l'histoire, mais non aux convenances. Sextus, un poignard à la main, demande à Lucrèce le sacrifice de son honneur. Celle-ci se défend et s'enfuit dans la coulisse. On entend les cris d'une femme, et, peu de temps après, Lucrèce reparaît en désordre pour apprendre aux spectateurs qu'elle vient d'être déshonorée. Du Ryer est en outre auteur d'une infinité de traductions d'auteurs grecs et latins, dont la plupart ne sont que des réimpressions, et qui lui donnèrent à peine de quoi vivre, car on le voit toujours aux gages des libraires, et il mourut pauvre en 1658, à l'âge de cinquante-trois ans. De ses dix-huit pièces de théâtre, la moins mauvaise est *Scévola*, 1647.

Après un intervalle de cent-vingt sept ans, le catalogue de la Bibliothèque de Pont-de-Veyle mentionne encore, en 1765, une tragédie de *Lucrèce*, sans nom d'auteur. Celle-là est en trois actes et en prose. Serait-ce une traduction de celle de Schlegel ?

Nous avons omis volontairement, dans cet inventaire, *Lucrèce ou l'Adultère puni*, tragédie d'Alexandre Hardy, jouée en 1616. La pièce du grand manufacturier parisien n'a rien de commun, si ce n'est l'homonymie, avec l'histoire de la femme de Collatin. Celle de Hardy est une espagnole, mariée à un jeune seigneur nommé Télémaque, et qui entretient un commerce criminel avec un autre gentilhomme, du nom de Myrrhène. Télémaque, averti de cette intrigue, observe les démarches de sa femme, la surprend en adultère, et la tue avec son amant, après une tirade qui brave singulièrement la décence dans les expressions. En guise de moralité, il est tué lui-même par un ami de Myrrhène. On sait que Hardy, né vers 1560, mort vers 1630, a composé près de six cents pièces, dont la moins médiocre est *Marianne*, et que malgré son titre de poète du roi, il s'est éteint dans la misère. Sur la fin de sa vie, il fit un choix parmi tout ce fatras, et publia, en six volumes in-8°, une cinquantaine de ses drames. Paris, 1623-1628.

La seule *Lucrèce* supportable avant celle de Ponsard, a été composée par Antoine Arnault, et représentée pour la première fois à Paris, par les comédiens français ordinaires du roi, le 4 mai 1792. L'auteur avait alors vingt-cinq ans. Dans l'avertissement, il se défend d'avoir songé à une œuvre de circonstance, et déclare expressément que l'esprit de parti ne lui a pas coûté un seul hémistiche. Cela est vrai ; mais, bien que le rôle de Lucrèce eût été confié à Mlle Raucourt, la pièce, à en juger par l'épître dédicatoire, n'eut qu'un succès d'estime. Arnault avoue lui-même que ce succès a été au-dessous du médiocre. Après avoir lu sa tragédie, nous avons trouvé que c'est justice. La *Lucrèce* d'Arnault est éminemment classique, régulière, convenable, correcte, mais froide et sans couleur. Lucrèce, mariée à Collatin par la volonté de son père Spurius Lucrétius. n'a pas cessé d'être sensible à l'amour de Sextus ; aussi lui accorde-t-elle assez volontiers un second entretien, pour adoucir des maux qu'elle a causés bien innocemment. Tarquin le superbe est un personnage inutile à l'action. Sextus ressemble à tous les amoureux grecs et romains de notre ancien théâtre. Brutus s'y dévoile si maladroitement à Sextus, qu'on ne sait vraiment pas pourquoi celui-ci le laisse vivre. En un mot, malgré des vers généralement bien frappés et de belles scènes, l'auteur de *Marius à Minturnes* est resté un tragique de second ordre. La faveur de Napoléon Ier n'a pu en faire un Corneille, pas même un Voltaire. Sa dernière tragédie est *Germanicus*, 1817. Aujourd'hui la réputation d'Arnault repose principalement sur les *Souvenirs d'un sexagénaire*, mémoires curieux et instructifs, et sur ses *Fables*, satiriques et philosophiques. Il est mort en 1834.

Nous voici arrivé à la pièce de 1793. L'auteur de celle-ci, né à Morlaix en 1765, mort à Paris, se nommait François-Marie-Joseph Riou-Kersalaun. C'était le fils d'un capitaine marchand. Après de bonnes études au collége de Saint-Pol de Léon, il se fit recevoir avocat en 1786. A quelque temps de là, il vint s'établir à Brest, où, tout en mettant au service des habitants de cette ville sa faconde oratoire, il employa les loisirs que lui laissait la Révolution à des compositions dramatiques destinées à entretenir le patriotisme de ses concitoyens. Lucrèce fut son début, mais non point sa seule œuvre dramatique, et il aborda successivement plusieurs autres genres, tels que comédie, vaudeville, opéra, toutes pièces d'actualité il est vrai, et conséquemment vouées à l'oubli, mais qui eurent l'honneur d'un certain nombre de représentations. C'est ainsi qu'il refondit l'opéra de Raoul, sire de Créqui, sous le titre de *Le Républicain dans les Fers*, et qu'à l'occasion du 31 mai 1793, qui fut le 10 août des Girondins, il collabora avec Joseph Paine à *Le Triomphe de la Montagne* et *les Chouans ou la République de Malestroit*, trait historique en un acte et en prose. Beaucoup des pièces de Riou n'ont pas été imprimées. Il continuait en même temps à remplir ses devoirs d'avocat, jusqu'à l'atroce loi du 23 prairial an II, qui supprima toute défense. Plus tard, il devint membre du conseil des Cinq-Cents, puis préfet du Cantal, baron de l'Empire et chevalier de la Légion d'honneur; destitué au commencement de 1811, il est mort le 26 juillet de la même année.

François Ponsard, fils d'avocat, avocat lui-même, débuta, comme Riou à l'âge de vingt-neuf ans, par la tragédie de *Lucrèce*, qui fut jouée pour la première fois à l'Odéon, le 22 avril 1843. Mais ici cesse le rapprochement. Ponsard, qui abandonna tout-à-fait le barreau pour les lettres, n'a point joué le rôle d'homme politique, et sa vie privée, des plus honorables, est exempte des faiblesses qu'on est en droit de reprocher à Riou, bien qu'à vrai dire, celui-ci ait vécu dans des temps bien plus difficiles. Enfin Ponsard a été plus soucieux de la renommée à venir que des succès éphémères de l'actualité. De là sa supériorité qui lui a marqué un rang si distingué parmi les poètes contemporains. Nous nous souvenons encore de l'enthousiasme qu'excita cette belle et sérieuse étude de l'antiquité. On crut à une résurrection de la tragédie : ce n'était qu'une illusion d'optique, produite par de nobles pensées, par une facture véritablement cornélienne, et entretenue à l'Odéon par Mme Dorval, aux Français par l'incomparable talent d'une grande artiste, telle qu'on n'en avait pas vu en France depuis la Duchesnois. Mais une fois Mlle Rachel disparue de la scène, la tragédie, que son jeu avait comme galvanisée, se recoucha dans sa tombe.

Revenons à la pièce de Riou-Kersalaun, qui est l'objet de cet article. Nous avons cherché dans quelles circonstances avait eu lieu la représentation de sa *Lucrèce ;* mais nous n'avons trouvé que peu de chose à ce sujet dans l'historien de *La Ville et le Port de Brest*, M. Levot, à l'obligeance duquel nous devons d'avoir eu communication de la pièce de 1793. C'était cinq mois après le supplice de Louis XVI, quatre après le décret du 24 février, prescrivant la levée des 300,000 hommes. Le soulèvement, parti du Morbihan, s'était étendu au Finistère.

Des commissions militaires avait été formées, et le tribunal criminel était venu siéger à Brest, où quelques exécutions eurent lieu. La détresse de la ville et du port était grande ; l'insubordination régnait sur les vaisseaux ; les représentants de la Convention, Sévestre et Cavaignac venaient d'être expulsés par le district et la municipalité de Brest, ce qui amena plus tard, le 19 juillet, la mise en accusation et, par conséquent, l'année suivante, l'exécution des administrateurs du Finistère, lesquels au surplus furent défendus par Riou-Kersalaun. Le 10 août devait avoir lieu la fête de l'unité et de l'indivisibilité de la République ; le 30 décembre, celle de la déesse Raison.

D'un autre côté, si nous nous reportons au *Théâtre pendant la Révolution* de M. Louis Moland, nous y lisons qu'à Paris l'année 1793 avait été inaugurée, le 2 janvier, c'est-à-dire pendant le procès de Louis XVI, par *L'Ami des lois*, de Jean-Louis Laya, comédie en cinq actes et en vers, protestation chaleureuse contre les anarchistes, pièce médiocre, au jugement de Laya lui-même, mais action courageuse, qui força l'auteur à cacher jusqu'après le 9 thermidor. Cette même année de sinistre mémoire se termina, le 18 octobre, deux jours après le supplice de la reine, par *Le Jugement dernier des rois*, de Pierre-Silvain Maréchal, l'auteur des *Bergeries* et du *Dictionnaire des Athées*, et quelque semaines plus tard, par *Les Potentats foudroyés par la Montagne et la Raison ou la Déportation des rois de l'Europe*, du citoyen Desbarreaux, l'une et l'autre remplies de brutalités révolutionnaires en prose. Dans la dernière de ces pièces, Catherine de Russie donne un soufflet au roi de Prusse, qui lui riposte par un coup de pied. Le *Figaro* en a donné un extrait dans son numéro du 6 décembre 1876.

La pièce de Riou-Kersalaun, à part les idées républicaines, qui sont le sujet lui-même, ne renferme point de déclamations furibondes, ni d'inconvenances. On y trouve, et c'est ce qui constitue à nos yeux son principal mérite, moins d'allusions encore que dans la Bérénice ou l'Esther de Racine, aussi peu assurément que dans la Lucrèce de 1843. Personne ne prétendrait qu'à cette époque Ponsard songeât à battre en brèche la monarchie de Juillet.

Après ce long préambule, nous pensons qu'il est temps de comparer les deux poèmes. Et d'abord les personnages principaux sont les mêmes dans l'un et dans l'autre : Lucrèce ; son père Lucrétius et son mari Collatin ; Junius Brutus ; Valère ; enfin Sextus Tarquin et jusqu'à son confident, qui se nomme Sulpice, dans la pièce de Ponsard ; dans l'autre, Métellus. Nous devons dire cependant que le poète dauphinois a remplacé Camille, l'insignifiante confidente de Lucrèce, par le personnage plus intéressant de la nourrice, et qu'il a ajouté le rôle, assez dramatique, de Tullie, l'indigne femme de Brutus, qui s'est laissé séduire par Sextus. L'unité de lieu est raisonnablement observée par Ponsard : la scène se passe tantôt à Collatie, chez Tarquin Collatin, tantôt à Rome chez Brutus ou dans le palais de Tarquin. Obéissant scrupuleusement au précepte de Boileau, Riou a groupé près du sempiternel portique qui composait à peu près l'unique décor du théâtre Français, la maison de Lucrèce d'un côté, celle de Brutus de l'autre, et, dans la toile du fond, au delà d'une place publique quelconque, une des tours du palais de Tarquin.

Cela dit, analysons, scène pour scène, la pièce de 1793, en la rapprochant de celle de Ponsard.

II

Acte PREMIER.

Scène i. — Au lever du rideau, Lucrèce est avec Camille et les femmes de sa suite. Elle dit à ces dernières d'aller porter à ses enfants les vêtements qu'elle a tissés pour eux :

> Je ne saurais souffrir qu'une main étrangère
> Servit dans ma maison mon époux, ni mon père.

La scène est analogue dans Ponsard, mais plus développée et bien plus savamment étudiée. La nourrice engage Lucrèce à suspendre sa tâche. La noble matrone lui répond qu'elle veut mériter l'inscription romaine : *Domum servavit, lanam fecit.*

> Elle vécut chez elle et fila de la laine.

Scène ii. — Restée seule avec sa confidente, Lucrèce

> Fière et républicaine
> Pleure en larmes de sang la liberté romaine.

Peut-être un de ses fils sera-t-il un jour chargé par les dieux des destinées de Rome. Malgré cette espérance, elle est agitée par de noirs pressentiments. Sextus, qui la recherchait avant son mariage avec Collatin, Sextus qu'elle a repoussé avec mépris, s'attache néanmoins à ses pas. Elle prie Minerve et Junon de la protéger, et, pour oublier ses craintes, elle va visiter le berceau de ses deux fils.

Dans la tragédie de Ponsard, Lucrèce ne se mêle point de politique; mais sa perspicacité de femme a deviné Brutus, qui, entrant en scène avec Sextus, continue à jouer devant ce dernier le rôle d'un de ces fous de cour, parfois si libres dans leurs propos. En montrant son amitié au cousin de Sextus, elle lui arrache son secret. Sextus, qui était parti avant cet entretien, revient, on ne sait trop pourquoi, si ce n'est pour décocher de nouveaux traits sur Brutus, qui lui répond à mots couverts, et c'est là que se termine le premier acte de Ponsard. Dans ce même auteur, Lucrèce ne soupçonne rien des projets de Sextus. Elle est trop sûre d'elle-même, et Sextus trop intelligent pour qu'un mot de passion trahisse celui-ci. Elle n'éprouve aucune sympathie pour le fils de Tarquin, mais elle l'accueille avec bienveillance, comme un hôte de son mari. Ce n'est qu'au quatrième acte que Lucrèce sera effrayée par une série d'affreux présages. Ce qui l'épouvantera, le plus, c'est un songe, l'inévitable ressort des tragédies classiques imaginé pour préparer le dénoûement. Quoique beau dans Ponsard, il est loin de valoir celui d'Athalie ; il ne vaut même pas le songe de Pauline, bien que ce dernier ne forme pas le nœud de la tragédie de Polyeucte. Episode pour épisode, nous opposons Ponsard à lui-même, en mettant bien au-dessus du songe de Lucrèce le délicieux chant de Laodice.

Scènes iii et iv. — Pendant que Lucrèce et Camille sortent par la gauche, Brutus et Valère entrent par la droite. Brutus est las de feindre : il veut venger son père, et, du même coup, rendre la liberté aux Romains. Collatin se joint à lui d'autant plus facilement qu'il sait que Sextus ne cesse de poursuivre Lucrèce. Ce n'est pas que Collatin ne soit sûr de la vertu de sa femme ; mais il craint tout d'un tyran pour lequel rien n'est sacré. Aussi épie-t-il avec ardeur l'instant de la vengeance. Seulement le peuple est abattu :

Sous un sceptre de fer tu languis avilie,
Nation de héros, invincibles Romains ;
Et les enfants de Mars rampent sous les Tarquins !
A cet horrible nom tout fléchit et tout cède. —
Souvent l'excès du mal en produit le remède,

lui répond Brutus.

Sur ces entrefaites, arrive Lucrétius, avec Valère et les autres conjurés mandés par Collatin. Brutus se dévoile à eux, et les excite à renverser Tarquin. Ils donnent leur assentiment, et Lucrétius, qui est pontife de Mars, prononce le vœu solennel :

Profanes, loin d'ici, car les Dieux sont présents !
Maître puissant du ciel, ô toi qui créas l'homme,
Et toi, Dieu des combats, père et sauveur de Rome,
Vous tous, Dieux paternels, ô Dieux de mon pays,
Ecoutez... Que par vous nos vœux soient accomplis !
Nous vouons aux enfers Tarquin et sa famille,
Et du roi Servius la sacrilége fille.
Nous jurons de haïr toujours la royauté,
Et d'affronter la mort pour notre liberté.

Un éclair, puis un coup de tonnerre annoncent que les vœux des conjurés ne tarderont pas à être exaucés. Ils sortent par la gauche, et dans le même instant apparaissent au fond les gardes de Tarquin.

La conjuration est loin d'être aussi avancée au second acte de Ponsard. Valère a bien, il est vrai, visité les principaux de Rome, et enflammé les esprits mécontents ; mais Brutus veut attendre un dernier attentat. D'ailleurs, il se préoccupe du gouvernement à donner aux Romains, après la chute des Tarquins. Valère lui a proposé la royauté : il la repousse et lui explique longuement son plan de république. Arrivent Sextus et Tullie. La jalousie de celle-ci est éveillée par l'éloge que Sextus lui a fait de Lucrèce, et elle le renvoie par d'ardentes et prophétiques paroles. Après la sortie de Sextus, Brutus dans une scène de la plus grande beauté, reproche noblement à Tullie sa chute, et lui conseille de s'en relever par le suicide. Tullie est anéantie.

Elle avait cru jusqu'alors à la démence de Brutus : elle vient d'entrevoir

. . . . . l'écho profond de quelque oracle immense.

Scènes v et vi. — Sextus a ramené à Rome une partie des soldats de son père, sous prétexte de surveiller les mécontents, en réalité pour avoir une occasion de revoir Lucrèce. Il s'ouvre de sa passion à son confident Métellus. Celui-ci lui répond, non sans raison :

Pouvez-vous, trahissant les plus grands intérêts,
Perdre un temps précieux en amoureux projets ?

Mais Sextus a confiance dans son père et en lui-même : aussi est-il tout entier à son amour. Comme la vertu de Lucrèce est en garde contre lui, il ne lui reste d'autres moyens à employer, pour vaincre ses rigueurs, que l'adresse et la violence. Métellus veillera, pour écarter tout témoin dangereux. Pour lui, un esclave va l'introduire, à la tombée de la nuit, dans la maison de Lucrèce.

Les scènes correspondantes dans la tragédie de Ponsard sont bien mieux ménagées, et la forme surtout en est incontestablement supérieure. La commission donnée au confident diffère sensiblement. Sulpice doit également éloigner les femmes de Lucrèce ; mais il reviendra avec un glaive, un flambeau et un jeune esclave. Sextus a son plan arrêté. Dans ces circonstances, Tullie vient tenter auprès de lui la dernière démarche de l'amante. Sommé de s'expliquer, Sextus lui fait la profession de foi du débauché complétement dégagé de ses premiers liens. Tullie répond par de sanglants reproches, et lui annonce qu'elle va se donner la mort. Sextus, pour toute réponse, lui souhaite un bon voyage. Tullie est remplacée par la sibylle de Cumes, qui après avoir offert inutilement à Sextus les trois volumes qui renferment les destinées de Rome, donne le seul qu'elle n'ait pas brûlé à Brutus, en le saluant du nom de premier consul romain.

Acte II.

Scène i. — La nuit dure encore, Sextus sort, d'un air égaré, de la maison de Lucrèce. Le crime est accompli, et déjà les remords commencent. Malheureusement la scène est des plus faibles, et Sextus ne tarde pas à s'en aller, après une vingtaine de vers, remplis d'exclamations.

Ponsard, au contraire, a attaqué de front et avec un rare bonheur, une situation des plus délicates. Avant d'en venir à la violence, Sextus veut essayer la séduction. Bien qu'il commence à se faire tard, il a pu s'introduire dans la maison de Lucrèce, sous prétexte de lui donner des nouvelles de son mari Collatin. De là, l'inquiétude bien légitime de l'épouse. Mais Sextus ne peut s'expliquer devant son entourage. Lucrèce dit à ses femmes de s'éloigner, et Sulpice s'en va également. Seul avec Lucrèce, l'embarras de Sextus ne diminue pas. Il commence par un éloge enthousiaste de la femme de Collatin. Celui-ci ne connaît pas son bonheur, lui qui délaisse Lucrèce, pour l'oisiveté des camps. Il est soldat, lui répond Lucrèce, et remplit son devoir. Mais ne me parliez-vous pas d'un message ? Sextus l'a déjà oublié : c'est Lucrèce qui lui a fait perdre la mémoire. Rappelé une seconde fois à la question, et pressé dans ses derniers retranchements, Sextus finit par avouer son subterfuge et sa passion qui le lui a fait imaginer : il lui propose le divorce avec son mari. Collatin n'est pas digne d'elle. Lucrèce lui ferme la bouche en vengeant noblement son époux des dédains de Sextus, et veut se retirer. Sextus l'arrête d'un ton menaçant. Lucrèce, bien qu'effrayée, domine le débauché par la majesté de son regard. Sextus passe alors de la menace à l'humilité, et se tire d'affaire par un second mensonge. C'était, dit-il, la continuation de l'épreuve proposée par son mari au camp d'Ardée. Pour la seconde fois, Lucrèce en est sortie à son honneur : il va le révéler lui-même à Collatin. Lucrèce feint de le croire; néanmoins, elle ne veut pas rester plus longtemps seule avec Sextus, qui alors songe à précipiter l'exécution de son attentat.

Scènes II, III et IV. — Camille interroge Lucrèce, qui, sans lui répondre, lui dit de faire venir Collatin, Lucrétius, Brutus et Valère. Pendant qu'elle accomplit sa mission, Lucrèce explique au public, en assez mauvais vers, le crime commis par Sextus, et le parti qu'elle se propose de prendre. Elle termine ce monologue en exprimant l'espoir que sa mort décidera les Romains à frapper le tyran. Brutus, Collatin,

Lucrétius et Valère entrent par la droite. La transition pour amener l'explication fatale est des plus inexpérimentées. Brutus, sans s'occuper de Lucrèce, s'écrie :

N'en doutez pas : Sextus ignore nos projets.
Mais en nous rassemblant cette nuit au palais,
Croyez qu'il méditait encore un nouveau crime.

A quoi Lucrèce répond piteusement :

Hélas ! il est commis... et j'en suis la victime !

Puis elle raconte, sans délicatesse aucune, on pourrait même ajouter sans vraisemblance, ce qui lui est arrivé. Cependant la fin de cette même scène ne manque pas d'une certaine noblesse, et Ponsard a dû en avoir connaissance, car ce sont les mêmes idées exprimées, parfois les mêmes hémistiches :

Quant à moi, de son crime innocente complice,
Exempte de reproche et non pas du supplice,
Coupable par la force et pure au fond du cœur,
Je ne veux pas survivre à tant de déshonneur.
Pourrais-je supporter le fardeau de la vie,
D'un cruel souvenir sans cesse poursuivie.
Sur un époux trahi n'osant lever les yeux,
Je croirais profaner la majesté des Dieux.

Ponsard a dit également :

Je m'absous du forfait et non pas du supplice.

Un peu plus loin la Lucrèce de Riou s'écrie :

Je suis toujours Lucrèce et je le prouverai.

Celle de Ponsard répète :

Pourtant mon âme est pure et je le prouverai.

L'absolution donnée par Lucrétius présente les mêmes analogies d'idées et même d'expressions :

Que parles-tu de crime ? Il te fut étranger.
Par d'indignes remords cesse de t'outrager.
Envers nous, envers toi ne deviens pas barbare.
. . . .
Lorsque le cœur est pur, on n'est jamais coupable.

Dans la pièce de Ponsard, c'est Collatin qui s'écrie :

Que parles-tu de peine, épouse magnanime !
Ce n'est pas au malheur qu'on la doit, c'est au crime.
Ne te reproche rien : tu n'as rien fait de bas.
La faute ne peut être où le dessein n'est pas.

Au surplus, même dans ses emprunts, l'imitateur se montre bien supérieur à son modèle. C'est au commencement du cinquième acte que Lucrèce a fait demander ses parents et amis. Lucrétius, qui est bien plus effacé dans la tragédie de Ponsard que dans celle de Riou, ne paraît qu'à ce moment là. Personne ne sait encore ce dont il s'agit, quand enfin Lucrèce arrive, couverte d'un voile noir jeté sur ses vêtements. Son père l'interpelle le premier, il n'en obtient qu'une réponse énigmatique. C'est alors le tour de Collatin. Lucrèce annonce qu'elle va tout révéler ; mais il faut jurer préalablement qu'elle sera vengée. Puis le premier cri de douleur lui échappe :

Sextus, Sextus est le coupable.

Enfin elle se décide à raconter les circonstances de son déshonneur. Sextus, venu d'abord en hôte, n'avait point quitté la maison. Pendant qu'elle dormait, il s'est présenté à son lit, armé d'une épée : il l'a menacée, si elle ne lui cédait pas, de la tuer, et, du même fer, d'immoler un esclave dont il aurait apporté près d'elle le cadavre, afin de déshonorer sa mémoire. Il s'en est allé triomphant. Ce n'est point la mort qu'elle a craint, c'est l'ignominie, ajoute-t-elle en employant une périphrase pudique. Voilà pourquoi elle vit encore. Mais elle sait qu'une peine lui est due, et elle n'a voulu vivre que le temps nécessaire pour dévoiler la honte de Sextus. La réponse de

Collatin, que nous avons rapportée plus haut, est d'une grande beauté ; celle de Lucrétius est sublime ; enfin l'apostrophe de Brutus et la malédiction de Lucrétius, quand Lucrèce s'est poignardée, sont des passages de premier ordre, qui rappellent la manière de notre grand maître du XVIIe siècle, de Corneille.

Acte III.

Nous cessons d'analyser ici scènes pour scènes. Le dernier acte de Riou est le plus faible des trois, et pourrait être supprimé avec avantage, car, évidemment, l'intérêt cesse à peu près complètement après la mort de Lucrèce ; mais n'oublions pas que le second titre de la pièce de 1793 est *La Royauté abolie.*

Au troisième lever de rideau, on voit entrer Sextus. La nouvelle de la mort de Lucrèce l'a accablé de douleur. Métellus vient lui annoncer la révolte des Romains soulevés par Brutus. Sextus, qui a perdu toute décision, se laisse facilement dissuader d'aller se mettre à la tête de ses soldats pour réprimer les conjurés. Il reste donc en scène, évidemment pour y être surpris par Collatin. Celui-ci, l'ayant enfin reconnu — il paraît que Sextus était bien changé depuis l'attentat, — fond sur lui, l'épée à la main. Le combat s'engage de manière que Sextus, en se défendant, recule dans la coulisse, où il tombe mortellement frappé, ce qui, soit dit en passant, est un accroc à l'histoire, puisque Sextus ne périt que seize ans plus tard, à la bataille du lac Rhégille ; mais les poëtes n'y regardent pas de si près, et prennent, en fait d'exactitude, bien des licences. Lucrétius, qui a été témoin du combat, exprime naïvement sa satisfaction de la mort de Sextus. Valère accourt, pour raconter la défaite des troupes du tyran et la mort de la reine, qui s'est précipitée d'une tour. Il fallait une péripétie : Tarquin marche sur Rome. On croit Brutus perdu, lorsque celui-ci vient en dernier lieu, annonçant le bannissement du roi et l'affranchissement définitif de Rome. Mais, dit-il en terminant :

> Mais ce n'est point assez... il faut armer vos bras ;
> Que les républicains deviennent tous soldats ;
> Les rois vont se liguer et, contre Rome libre,
> De nombreux bataillons couvrir les bords du Tibre.

Sur leur trône fragile ils craignent votre effort,
Et de la liberté l'impétueux essor....
Qu'ils tremblent..., leurs sujets combattront pour un maître ;
Et vous, vous défendez le toit qui vous vit naître.

Telle est la moralité de cette tragédie. Ponsard, lui aussi, avait pensé que la révolution opérée par Brutus devait être le complément nécessaire de l'action ; aussi a-t-il terminé son drame par une longue tirade politique. On supprime ordinairement ce passage à la représentation, et l'auteur a indiqué lui-même un autre dénouement moins complet, il est vrai, mais plus conforme au précepte : *semper ad eventum festina*. Le premier, si long qu'il puisse paraître au lecteur, n'en est pas moins bien plus rapide que celui de la pièce de Riou, qui traîne pendant un acte entier.

III

De l'examen comparé que nous avons fait de ces deux tragédies, nous ne prétendons pas conclure que celle de Ponsard soit un plagiat ; mais simplement que la pièce de 1793, quand elle n'aurait eu d'autre résultat que d'avoir inspiré celle de 1843, mériterait, à ce titre, de n'être pas entièrement oubliée. Sans doute, l'ensemble en est faible, et ce drame ne supporterait pas, de nos jours, le feu de la rampe ; d'un autre côté, il ne faut pas perdre de vue que notre écrivain morlaisien n'a été poète que par occasion, tandis que Ponsard a voué son existence à la grande poésie. Aussi la *Lucrèce* de Riou est-elle à peu près inconnue ; celle de Ponsard a eu l'honneur d'être couronnée par l'Académie française.

Nous pourrions, au besoin, donner à nos confrères de la *Société des Etudes historiques*, tous les éléments du procès, en reproduisant la pièce de Riou-Kersalaun, qui a du moins pour elle la qualité si chère aux bibliomanes : rare.

Alfred DONEAUD.

Amiens. — Typographie Delattre-Lenoel, rue des Rabuissons, 30.

www.ingramcontent.com/pod-product-compliance
Lightning Source LLC
LaVergne TN
LVHW010018230826
846092LV00002B/876

* 9 7 8 2 0 1 9 2 0 5 1 7 1 *